AF322087

COPIE
D'UN MÉMOIRE

ADRESSÉ

AU PRÉSIDENT DE LA RÉPUBLIQUE

PAR

H. MAUBERT, Pasteur

UN CONTRASTE

EN ANGLETERRE, au dire de tous les journaux, le baronnet Dilkes, poussant au mouvement républicain, est protégé, dans son droit de parole, par le gouvernement même que ce mouvement attaque.

EN FRANCE, l'auteur de ce mémoire, et tant d'autres avec lui, sont injuriés, dénoncés, calomniés pour leurs écrits défendant la République, par des Préfets du gouvernement même de cette République.

Ces Préfets seront-ils enfin désavoués?

MOULINS

IMPRIMERIE DE FUDEZ FRÈRES

—

1871

1872

A MONSIEUR

LE PRÉSIDENT DE LA RÉPUBLIQUE

PLAINTE

DU PASTEUR DE MOULINS

CONTRE

LE PRÉFET DE L'ALLIER

I. — NOTE PRÉLIMINAIRE.

Le 25 septembre 1871, j'avais l'honneur déjà, comme citoyen menacé de la cour d'assises pour délit de presse, de vous adresser, monsieur le Président de la République, une demande à ce sujet.

Il s'agissait pour moi, d'obtenir l'envoi par M. le ministre des cultes au juge d'instruction de Moulins, du rapport en date du 4 septembre dernier, par lequel le préfet de l'Allier me dénonçait à ce ministre et par suite duquel avaient été ordonnées la saisie et la poursuite d'un article par moi signé dans le N° du 31 août 1871 du journal *le Républicain de l'Allier.*

J'établissais, dans cette demande, que le rapport du préfet contenait contre moi d'indignes calomnies qui avaient déterminé l'ordre de saisie et de poursuite; et qu'en conséquence il était important, pour moi, que ce rapport fût, en copie, entre les mains du juge d'instruction.

Je me réservais enfin, dans ma demande, LE DROIT DE RÉCLAMATION contre le préfet de l'Allier du chef des calomnies, pareilles à celles de son rapport au ministre, qu'il avait formulées contre moi dans une lettre du même jour, 4 septembre dernier, au consistoire de Bourges et qui m'avaient mis sur la trace de celles du rapport.

Telle était, monsieur le Président, ma demande du 25 septembre 1871. Il me vint, le 27, de votre cabinet, un récépissé m'avisant que ma demande avait été transmise à M. le ministre des cultes, qui y donnerait suite s'il y avait lieu.

Et dès le 30 septembre, sans que j'aie su si le ministre des cultes avait envoyé ou non la pièce réclamée, une ordonnance *de non-lieu* était rendue à Moulins au sujet de la poursuite en question.

Le moment était donc venu pour moi de poursuivre, à mon tour, le Préfet du chef de ses calomnies, en usant de la réserve contenue en ma demande du 25 septembre.

Je voulus, toutefois, inviter auparavant ce fonctionnaire à une rétractation volontaire, ne fût-elle qu'une reconnaissance d'erreur.

Un honorable conseiller général de l'Allier, bien connu et respecté du Préfet comme de moi, lui proposa, à cet effet, une rédaction très anodine qu'il refusa après une longue hésitation.

Hélas! l'esprit qui lui avait fait écrire ses lettres du 4 septembre l'empêcha finalement de se reconnaître aucun tort à ce sujet.

Il ne me restait donc plus qu'à choisir, pour mon recours, entre la voie *judiciaire* et la plainte *administrative ;* le Préfet les avait cumulées contre moi, en essayant de me faire traduire aux assises et me dénonçant en même temps au consistoire de Bourges.

Je me borne, monsieur le Président, à vous soumettre sa conduite, en vous demandant un *blâme administratif* contre lui après que vous vous serez fait rendre compte de mes griefs, que je vais préciser et justifier.

II. — JUSTIFICATION DE MES GRIEFS.

1er *Fait articulé par le Préfet contre le Pasteur.*

M. E. de Fradel allègue d'abord, dans sa lettre du 4 septembre 1871 au consistoire de Bourges, dont copie est jointe à ce mémoire,

« Que le pasteur Maubert n'a cessé, depuis un an,
« *par des publications empreintes d'une passion*
« *politique exagérée, de chercher à semer la divi-*
« *sion parmi les citoyens, et à exciter dans la*
« *population ouvrière une émotion dangereuse.* »

Réponse à cette articulation.

Mais pourquoi donc, le Préfet, en incriminant ainsi mes publications de toute une année, se contente-t-il, s'il est si sûr de son fait, de les désigner vaguement, sans même en donner les titres, et surtout sans les mettre sous les yeux des juges qu'il me cherchait, comme il le faisait pour l'article saisi du 31 août 1871? — C'était sans doute parce que celui-ci, était, à ses yeux, plus entaché encore du double délit qu'il reproche à tout l'ensemble.

Fort bien ; — mais il fallait donc alors qu'il obtînt au moins la condamnation de cet article du 31 août ; sinon l'ordonnance de *non-lieu*, profite, avec un *a fortiori*, écrasant pour lui, à mes autres publications.

Ces autres publications, du reste, n'étaient pas si nombreuses qu'elle ne pussent être facilement jointes, comme pièces justificatives, à l'envoi de la dénonciation au consistoire. — Elles sont au nombre de quatre, savoir trois lettres sous le nom significatif de LA GANGRÈNE (nᵒˢ 1, 2 et 3) par moi écrites, en décembre 1870 et janvier 1871, au ministre Gambetta, alors qu'il essayait d'organiser et de produire la résistance de la France à son écrasement par la trombe allemande. —Et la 4ᵉ publication est aussi une lettre que j'ai écrite, au sujet de la guerre civile, le 15 mai 1871, à M. Jules Grévy, président de l'Assemblée Nationale, sous ce titre L'ISSUE FATALE.

Que les thèses soutenues dans ces lettres n'aient pas plu à M. de Fradel, s'il les a lues, je le comprends puisqu'elles furent écrites autant contre les *monarchistes* que contre les *anarchistes* — et qu'il paraît ne pas aimer que l'on dise du mal des monarchistes. Quant à moi, c'est parce que j'ai cru et que je crois ces thèses justes que je les ai publiées : et s'il plaît au préfet d'engager le débat sur ce terrain, je suis tout prêt.

Mais il ne s'agit même pas, monsieur le Président, dans la pensée de cette plainte, de savoir si les théories, de mes publications sont justes ou non. Il ne s'agit que de savoir si je les soutenais dans un esprit et dans des termes convenables, et si elles avaient droit, même en cas d'erreur de ma part, au respect légal de tous et surtout du magistrat représentant, à Moulins, le

Gouvernement de cette République dont mes lettres défendaient les intérêts.

Or, jusqu'à preuve contraire à fournir par le Préfet, je soutiens, ici, que mes quatre lettres, par lui si violemment incriminées dans ce qu'il a dit de mes publications, étaient conçues dans cet esprit et dans ces termes convenables dont je parle ; et, provisoirement donc, je dis que ce fut de sa part *une indigne calomnie,* quand il prétendit que, par ces publications, — *je cherchais à semer la division parmi les citoyens et à exciter, dans la population ouvrière, une émotion dangereuse.*

Dangereuse !... Oui, pour les Prussiens et leurs amis.

2ᵉ *Fait articulé par le Préfet contre le Pasteur.*

Cette deuxième articulation de fait de la lettre du 4 septembre du préfet au consistoire consiste à dire que l'attitude prise par le pasteur dans ses publications a *soulevé contre lui la réprobation des honnêtes gens de tous les partis.*

Et il en donne pour motifs, d'abord en cet endroit même, que ces honnêtes gens de tous les partis *s'étonnent de voir un ministre du culte dont la mission est toute d'apaisement se mêler à des luttes en complète opposition avec le caractère dont il est revêtu :* — et ensuite il dit encore, à la fin de sa dénonciation, que *cette conduite du pasteur Maubert est un sujet de scandale dans la localité où il est appelé à exercer son ministère.* J'ai tenu, monsieur le Président, à présenter ainsi séparés, pour y répondre séparément aussi, d'une part, le fait articulé que j'ai *soulevé contre moi la réprobation des honnêtes gens de tous les partis,* et d'autre part, les motifs sur lesquels il s'appuie et qui se rapportent à mon caractère pastoral. J'y ai tenu parce que je nie d'abord le fait en lui-même, et je vais dire comment et pourquoi.

Et tout à l'heure, en terminant ce mémoire, j'appliquerai aux considérants invoqués à l'appui du fait, la réponse particulière qu'ils méritent.

Et d'abord au fait en lui-même *de la réprobation des honnêtes gens de tous les partis encourue par moi,* j'oppose la dénégation la plus formelle. — Et, pour première preuve de la fausseté de cette allégation du Préfet, j'invoque le choix qui a été fait à l'unanimité de moi pour présider, en septembre dernier, les réunions des *républicains conservateurs,* dont personne ne dit qu'ils sont des *communards.* Il s'agissait de la préparation de l'élection des conseillers généraux et d'arrondissement pour les deux cantons de Moulins. — On me nomma donc président. Cette fonction, je ne l'aurais pas acceptée en toute autre occurence, mais les calomnies du Préfet m'en avaient fait, cette fois, une obligation.

Et si ce mandat que j'invoque comme preuve de la fausseté du fait articulé par lui ne suffit pas au Préfet, je le mets encore au défi de trouver, dans Moulins, je ne dis pas la moitié des citoyens, mais seulement *un dixième* qui veuille signer cette appréciation fantaisiste et calomnieuse du préfet à mon égard.

Et si le Préfet n'accepte pas plus l'épreuve à faire que la preuve faite, pas plus l'évidence à procurer que celle procurée déjà, il faudra bien alors qu'il accepte, sur ce point encore, l'épithète *d'indigne calomniateur,* qu'il aura méritée pour la seconde fois.

3e *Fait articulé par le Préfet contre le Pasteur.*

Enfin, le Préfet de l'Allier a encore articulé, dans sa lettre au consistoire, un dernier fait à ma charge, et celui-ci de la plus haute gravité, car il implique, s'il est vrai, mon affiliation à la Commune et à l'Internationale, dont j'aurais prêché secrètement les doctrines pour pousser au renversement de la République.

Voici ce fait tel qu'il est articulé à la fin de sa dénonciation : *Le pasteur Maubert est de plus signalé comme tenant dans son domicile des conciliabules secrets, où il réunit des personnes appartenant à la classe ouvrière.*

Or, que dire déjà de la contradiction flagrante et absurde qu'il y aurait entre de tels actes de ma part et l'ensemble de mes publications dirigées, sans exception, tout à la fois contre les monarchistes et les anarchistes, double élément insurrectionnel que je ne me lasse jamais de signaler comme formant le danger permanent de notre pays ?

Une telle contradiction entre ses premières accusations contre moi et cette dernière, aurait dû faire renoncer le Préfet au moins à celle-ci, mais il n'en a rien fait.

Eh bien, ici aussi, c'est-à-dire sur ce fait des *conciliabules secrets tenus chez moi,* j'oppose à M. le Préfet de l'Allier, E. de Fradel, la dénégation la plus formelle, et je l'attends à la preuve, en le sommant d'é-

tablir, sur ce point, un débat contradictoire avec moi,
— sinon que, pour la troisième fois, il reste donc atteint et convaincu *d'avoir usé envers moi de calomnies indignes.*

III. — ALLÉGATION DU PRÉFET CONTRE LE PASTEUR EN TANT QUE PASTEUR.

Mais comme je l'ai fait entrevoir tout à l'heure, ce n'est pas seulement le citoyen qui a été attaqué en moi par le Préfet, c'est encore le pasteur, et c'est même surtout au pasteur qu'il s'en prenait, voici pourquoi : le pasteur est coupable de bien autre chose que tout le reste ! — Ne me suis-je pas avisé, dans les derniers jours de 1870, de faire, à Moulins, une *conférence sur la séparation de l'Église et de l'État,* et de vouloir la faire aussi à Saint-Pourçain, au printemps de 1871 ?

N'ai-je pas fait ensuite d'autres conférences sur la *double usurpation papale, la temporelle et la spirituelle ?* Et surtout n'ai-je pas osé présenter, le 23 juin dernier, à l'Assemblée nationale, *une pétition contre les processions,* par laquelle je demande ou le retour à la loi du 18 germinal an x, ou l'abolition de cette loi ?

Voilà la série de mes vrais crimes, bien plutôt que mes publications, aux yeux de M. E. de Fradel, qui, pour son compte particulier, est un fervent catholique. Et il en a, certes, bien le droit *comme homme privé,* jouissant, ainsi que tout autre, de la liberté de conscience. Mais il fallait que *l'homme public, le Préfet,* ne s'en ressentît pas et qu'il ne mît pas, à cause de sa foi religieuse, son caractère fonctionnel au service et à la remorque de cette faction *cléricale ultramontaine* qui pèse, depuis soixante-dix ans, sur la France en l'empêchant d'arriver, par la démocratie, à la liberté et à la justice.

Or, c'est malheureusement ce dont le Préfet n'a pas su se préserver, et c'est ce qui lui a fait écrire, dans sa dénonciation au consistoire, les phrases que j'ai tout à l'heure réservées pour en faire l'objet d'une réponse particulière.

Voici ces phrases : « Les honnêtes gens de tous les « partis s'étonnent de voir un ministre du culte, dont la « mission est toute d'apaisement, se mêler à des luttes « en complète opposition avec le caractère dont il est « revêtu. » — Et cette autre encore : « Cette conduite « du pasteur Maubert est un sujet de scandale dans la « localité où il est appelé à exercer son ministère. »

Certes, monsieur le Président, sauf la forme et le ton, ces réflexions, dans la bouche de qui aurait le droit de les faire, et s'il s'agissait d'un temps autre que celui-ci, ne seraient pas déplacées, pourvu qu'on les appliquât à tous les ministres quelconques d'un culte quelconque, y compris les évêques, les archevêques, les cardinaux et le pape du culte catholique Romain : et je suis le premier, monsieur le Président, à appeler, de tous mes vœux, le temps où la séparation accomplie entre l'Eglise et l'Etat, rendra en France, comme en Amérique, possible et même naturel et facile, ce que M. E. de Fradel paraît désirer, sinon pour tous les cultes, du moins pour le culte auquel j'appartiens.

Mais, monsieur le Président, tant que la faction monarchique, le clergé romain en tête, attaquera sans cesse, soit ouvertement, soit sourdement, notre République, qui seule peut faire que la liberté de conscience devienne enfin une vérité, — comment le Préfet de l'Allier ose-t-il bien prétendre qu'un pasteur protestant se taise, — et surtout comment ose-t-il dire que, pour avoir parlé, *il est un sujet de scandale à la localité dans laquelle il est appelé à exercer son ministère ?*

Comment l'ose-t-il, quand, pour les mandements de l'évêque Romain de Moulins, doucereusement subversifs de toutes les bases modernes de la civilisation, et déversant, à la manière du *Syllabus* du pape, le mépris et la haine sur toutes nos institutions françaises, lui, le préfet de l'Allier, il n'a jamais le plus petit blâme !

Et pour les produits récents de la prose la plus furibonde de MM. Freppel et Dupanloup, — déclamant, l'un, contre le conseil municipal d'Angers, qui a fait son devoir et rien que son devoir ; — et l'autre, contre le député Gambetta, parce qu'il a enfin mis le doigt sur la plaie de la France et indiqué le remède, — est-ce que le préfet de l'Allier a pris occasion de l'apparition dans le journaux cléricaux de l'Allier, de ces déclamations d'évêques, pour blâmer et les journaux et les évêques énergumènes ?

Certes, c'était bien le cas cependant de parler de *scandale* non-seulement dans les villes d'Angers et d'Orléans, siéges de ces évêques, — mais par toute la France ; il s'en est bien gardé.

Le préfet dirait-il ici : « Mais les évêques sont « en possession de l'alliance avec l'Etat et de l'éducation « de la jeunesse à leur manière ; on veut les leur « enlever ; il faut bien qu'ils se défendent. »

Je lui répondrais : « D'accord, Monsieur le préfet, mais s'il faut qu'ils se défendent, parce que c'est là une question de vie ou de mort pour leur puissance usurpée, comme l'abolition ou le maintien de cette puissance, c'est aussi la question de vie ou de mort, pour la France, de son avenir de justice, il faut donc bien que la France aussi se défende, et, avec elle, l'Eglise protestante dont c'est l'intérêt et le devoir, tout particulièrement ; vous deviez donc laisser les combattants à eux-mêmes. Or ce n'est pas là ce que vous avez fait, et c'est ce dont je me plains ; vous avez toléré et vous tolérez très-bien tous les jours, de la part du cléricalisme, les attaques les plus violentes contre la République ; mais si le pasteur protestant de Moulins fait une pauvre petite publication pour défendre la République, incessamment attaquée, incessamment mise en question par messieurs du clergé et du monarchisme, vite un rapport à Versailles ; vite une dénonciation au consistoire. On ne saurait agir, dans un cas pareil, ni trop vite, ni trop violemment. »

C'est ainsi, monsieur le Président, que raisonne et agit l'un des préfets que vous ont légués la monarchie et le clergé.

Il me paraît qu'il devait au moins s'en tenir à la neutralité dans la question posée, en France, entre la Monarchie et la République, entre le passé de toutes les injustices et de toutes les servitudes, qui voudrait revenir,—et l'avenir de toutes les libertés et de tous les droits reconnus légitimes, qui lui barre le passage.

Ce préfet, en outre, ne paraît pas se douter qu'il est, en France, une égalité des citoyens *devant la loi* qui a été acquise autrefois au prix d'une révolution et de tout le sang qu'elle a coûté ; égalité ainsi doublement formulée :

« Tous les Français sont égaux devant la loi. »

« Tous les cultes obtiennent une égale protection. »
— Double formule qui exige qu'il y ait mêmes sévices là où il y aurait même faute.

Mais peut-être le Préfet compte-t-il, pour sa défense, sur une sorte de lettre d'excuse que lui a écrite, à mon sujet, l'honorable président du consistoire, aussitôt qu'il eût reçu la lettre qui me dénonçait. C'est sans consulter ni moi, ni le consistoire, que cette certaine réponse a été écrite, surprise à la religion de M. Clavel par les calomnies de la dénonciation, comme l'ordre de saisie et de poursuite avait été surpris au ministre par les calomnies du rapport.

Effrayé, pour moi, à la vue de ces calomnies, le Président du Consistoire s'est hâté de vouloir me sauver ; il a agi pour moi comme ce duc qui, du temps des lettres de cachet, *disait que si on l'accusait d'avoir volé les tours de Notre-Dame, il commencerait par déguerpir.* — L'intention de M. Clavel était bonne ; mais, heureusement, sa lettre ne peut pas plus me nuire que ne m'a nui l'ordre de poursuite surpris au ministre.

L'un et l'autre actes ont eu leur source dans les calomnies du préfet, maintenant démontrées, sauf preuve contraire de sa part.

Vous connaissez, monsieur le Président de la République, tous les graves manquements envers moi pour lesquels je crois pouvoir attendre du Gouvernement de la République *un blâme* contre le Préfet de l'Allier.

Si je me trompais et qu'il arrivât que le Préfet eût
pu impunément insulter et calomnier en moi, et le citoyen
et le pasteur, pour des causes qu'il approuve dans le
clergé et les journaux ultramontains, — je n'aurais
plus qu'à me taire.

Mais, en pliant sous l'iniquité, j'aurais debout en moj
ma conscience qui me rendrait ce témoignage que
j'ai été, comme pasteur, dans ma conduite religieuse et
ecclésiastique, avec mon Dieu, et avec mon pays dans
ma conduite comme citoyen ; — et ce serait l'essentiel.

J'ai l'honneur d'être, monsieur le Président de la
République, votre très-humble et très-respectueux
serviteur,

Signé : MAUBERT (Hippolyte),
Pasteur.

Moulins, le 11 décembre 1871.

NOTA. — A l'original envoyé à Versailles est jointe,
comme unique pièce justificative, la copie de la lettre
du préfet au Consistoire de Bourges, en date du 4 septembre 1871. — Le lecteur la connaît par les citations
qui en ont été faites et qui sont toute la lettre.

Moulins. — Impr. FUDEZ frères.